2. Verbformen

2.1.1. Vergleiche die Verbformen: a) *Romulus et amici eius nonnullos latrones necant.* b) *nonnulli latrones necantur.*

necant bedeutet: ______________________ *necantur* bedeutet: ______________________

Personalendung bei *necantur:*— ______________

2.1.2. Übersetze: *vulnerantur* (19): ______________________________

amabantur (22): ______________________ *terrentur* (Bildunterschrift): ______________________

2.2.1. *deponunt* (17): Infinitiv: ______________ Konjugation: ______________

audiunt: Infinitiv: ______________ Konjugation: ______________

2.2.2. *faciunt:* Infinitiv: ______________ (____) *fugiunt:* Infinitiv: ____________ (____)

2.2.3. Nach ihrer Infinitiv-Form gehören beide Verben zur ______________________ Konjugation; die Formen *faciunt, fugiunt* dagegen ähneln der ______ Konjugation. Diese Verben, deren Formen aus zwei Konjugationen genommen sind, bezeichnen wir als Verben der gemischten Konjugation.

2.2.4. Zu den Verben der gemischten Konjugation gehören auch

capere: Beweis: ______________________(____) und *cupere:* Beweis: ______________________ (L. 12, 1. Absatz).

2.3. PPP zu *facere:* ______________ (____), zu *capere:* ______________ (____)

3. Das Verb ire

3.2. Gib zu den folgenden Verben die Bedeutung und die Perfekt-Form (1. P. Sg.) an!

	Bedeutung	Perfekt		Bedeutung	Perfekt
abire	______	______	praeterire	______	______
adire	______	______	redire	______	______
exire	______	______	transire	______	______
inire	______	______			

4. Zusammengesetzte Verben

4.1.2. Gib an, welche Bedeutung die folgenden **Präfixe** dem Grundwort hinzufügen, und nenne zu jedem Präfix (mindestens je zwei) **Komposita!**

	Bedeutung	Komposita
a(ab)-	______	______
		______
ad-	______	______
		______

de- ______ ______

______

e(ex)- ______ ______

______

in- ______ ______

______

re(red)- ______ ______

______

5. Funktionen

5.1. Bestimme die Funktion und den semantischen Wert!

(22) *magis* Adverbativ (Art u. Weise) zu: *amabantur*

(4) adulescentes ______ zu: ______

(6) captarum bestiarum ______ zu: ______

(7) ex silvis ______ zu: ______

(8) regios ______ zu: ______

(14) post arbores ______ zu: ______

(14) celeriter ______ zu: ______

(15) re subita ______ zu: ______

(15) territi ______ zu: ______

(17) coacti ______ zu: ______

(20) quam ______ zu: ______

(21) omnem ______ zu: ______

(21) ob eam rem ______ zu: ______

5.2. *iuvenes domum revenerunt.*

Wie fragst Du lateinisch nach *domum*? ______

Kasus von *domum:* ______ Funktion: ______

Was fällt Dir an dieser Wendung auf? ______

______

______

6. Übungen

6.2. Suche die Wendungen mit *res* aus dem Text heraus (im ganzen sechs) und schreibe die Übersetzung auf, die in dem jeweiligen Kontext die treffendsten sind (mit Fundstellen)!

______

7. Vokabelzusammenstellung

Textbuch

vulnerare ______
prohibēre ______
distribuere ______
Perfekt: ______
tollere ______
praeterire ______
signum ______
fuga ______
impetus (*Pl.* ______) ______
______
arbor (*Pl.* ______) ______
iuvenis (*Pl.* ______)
______
latro (*Pl.* ______) ______
necessitas (*Pl.* ______) ______
______
venatio (*Pl.* ______) ______
onus (*Pl.* ______) ______
______

onustus ______
subitus ______
venaticus ______
tela venatica ______
superior ______
ob (*mit Kasus:* ______) ______
postquam ______
longe ______
celeriter ______
nemo ______
etiam magis quam antea ______
______
ob eam rem ______
necessitate coactus ______
______
signo dato ______
______
______
______

Nachtrag zu früher vorgekommenen Verben

dare (PPP ________) ________________ | terrēre (PPP ________) ________________

cogere (PPP ________) ________________ | ________________

Arbeitsbuch

inire ________________ | contextus (*Pl.* contextūs) ________________

________________ | ________________

________________ | ________________

________________ | ________________

LECTIO VICESIMA SEPTIMA

2. Verbformen

2.1.1. Wie ist der Inhalt der folgenden Sätze im Text ausgedrückt? Schreibe die Formulierung des Textes heraus und übersetze sie!

1) pastores mox latrones se recipere cogunt. (____) — ________________

____

2) nemo quicquam respondet. (____) — ________________

____

3) pastores ob eam rem eos magis amabant. (Vgl. L. 26) (____) — ________________

____

____

2.1.2. Stelle die Verbformen dieser Satzpaare einander gegenüber!

im AB: ________________ ________________ ________________

im TB: ________________ ________________ ________________

Die neuen Formen gehören zum **Genus Passiv** (bisher begegneten uns fast nur Formen des **Genus Aktiv**).

2.1.3. Die Endungen für die 3. P. Sg. und Pl. im Aktiv und Passiv:

Genus Aktiv | Genus Passiv

3. P. Sg.: — ________ 3. P. Pl.: — ________ 3. P. Sg.: — ________ 3. P. Pl.: — ________

2.2. Vergleiche noch einmal die Sätze aus 2.1.1. und ihre Gegenstücke aus dem Text!

Was hat sich am Inhalt der Aussage geändert? ________________

____

____

Was hat sich an den Funktionen geändert?

____

____

2.3.1. Vergleiche und übersetze:

1a) latrones tumultum faciunt. — ____________________

b) tumultus fit. (7/8) — ____________________

2a) quid ad me, si isti (Remus cum amicis) Numitoris in agrum impetus faciunt? — ____________________

____

b) quid ad me, si Numitoris in agrum impetus fiunt? (19/20) — ____________________

____

2.3.2. Die Formen *fit*, *fiunt* können also aufgefaßt werden als ____________________

Suche für *fit*, *fiunt* in diesen Sätzen eine Übersetzung, in der die passivische Bedeutung nicht erscheint!

fit: ____________________ fiunt: ____________________

5. Vokabelzusammenstellung

Textbuch

accusare ____________________

petere ____________________

repetere ____________________

circumspicere ____________________

Konjug.: __________ *Beweis:* __________ (____)

fit ____________________

fiunt ____________________

ager (*Pl.* __________) ____________________

festum ____________________

tumultus (*Pl.* tumultūs) ____________________

____

certamen (*Pl.* certamina) ____________________

____

festus ____________________

alii ... alii ____________________

eo ____________________

nuper ____________________

infecta re ____________________

neque quicquam ____________________

non multo post ____________________

____

ubinam? ____________________

poenas repetere ____________________

____

____

____

Nachtrag zu früher vorgekommenen Verben

abducere (*PPP* __________) ____________________

____

____

____

LECTIO DUODETRICESIMA

2. Verbales Genus Passiv

2.1.1. Schreibe die Sätze mit Verb im Genus Passiv, die den folgenden Sätzen inhaltlich entsprechen, aus dem Text heraus und übersetze die Satzpaare!

1) Numitor et Remus tunc talem quaestionem habent. — ______

______

______

2) sed isti homines me falso accusant. — ______

______

______

3) servi manus iuvenis post tergum vinciunt. — ______

______

______

4) servi vinctum adulescentem in carcerem coniciunt. — ______

______

______

2.1.2. Vergleich der Satzpaare in 2.1.1.:

a) Wie unterscheiden sie sich im Informationsgehalt? ______

______

b) Welcher Funktionswechsel ist in den Sätzen zu beobachten? ______

______

______

c) Wer tritt in den passivischen Sätzen in den Vordergrund der Aussage? ______

______

2.2.1. Stelle den folgenden passivischen Sätzen die Formulierung im Genus Aktiv gegenüber!

Genus Passiv	Genus Aktiv
Romulus et Remus a pastoribus amantur.	*pastores Romulum et Remum amant.*
a) praeda a Romulo inter pastores distribuitur.	______
b) multae res a servis inveniuntur.	______
c) Numitor a latronibus decipitur.	______
d) Remus a latronibus abducitur.	______
e) Moyses menses tres a parentibus occultabatur.	______

2.2.2. Wenn in passivischen Sätzen auch der Täter erwähnt wird, erscheint er in der Form: ______

2.3. Übung

2.3.1. Wandle die folgenden Sätze in passivische Sätze um!

a) Romulus et Remus omnes virtute superant.

____

b) pastores nonnullos latrones vulnerabant.

____

c) latrones Remum ante avum eius trahunt.

____

d) avus latrones e manibus emittit.

____

e) pastores Remum tegunt. ______________________________

f) servi Numitoris Remum vinciunt. ______________________________

2.3.2. Füge in die passivischen Sätze der Lektion in Z. 1; 2/3; 19; 26; 27 die Angabe des Täters ein!

(1) ______________________________

(2/3) ______________________________

(19) ______________________________

(26) ______________________________

(27) ______________________________

3. Das Verb „wollen" (vgl. L. 16 AB 5.)

3.1. Formentabelle für Präsens und Imperfekt von *velle*. Füge hinzu: Nom. Sg. m. des Partizips und 1. P. Sg. Perf.!

Präsens			
1. P. Sg.		1. P. Pl.	
2. P.		2. P.	
3. P.		3. P.	

Imperfekt			
1. P. Sg.		1. P. Pl.	
2. P.		2. P.	
3. P.		3. P.	

Nom. Sg. m. Part.: ______________________________ 1. P. Sg. Perf.: ______________________________

3.2.1. Bei „nicht wollen" ist im Lateinischen in den meisten Formen die Negation *non* mit dem Verb *velle* zu einer Form verschmolzen. Bestimme die folgenden Formen!

noluit — ______________________________

nolens — ______________________________

nolumus — ______________________________

noluistis — ______________________________

nolo — ______________________________

nolunt — ______________________________

noluimus — ______________________________

nolebas — ______________________________

nolle — ______________________________

3.2.2. Präsenstabelle für *nolle* (bei den in 3.2.1. nicht genannten Präsens-Formen wird die Negation *non* nicht mit dem Grundwort verschmolzen).

1. P. Sg.		1. P. Pl.	
2. P.		2. P.	
3. P.		3. P.	
Nom. Sg. m. Part.			

3.3. Imperativ von „nicht wollen“: ________________ ________________

In Verbindung mit dem Infinitiv eines anderen Verbs dient er ________________________________

5. Pronomina

5.1.2. Kasustabelle für den Plural von *iste* (nach Analogie zu *ille*)

	m.	f.	n.
Nom.			
Akk.			
Abl.			

8. Vokabelzusammenstellung

Textbuch

explorare ________________

reputare ________________

dolēre ________________

tacēre ________________

vincire (*PPP* ________) ________________

emittere ________________

conicere ________________

Konjug.: ________ *Beweis:* ________ (____)

auferre ________________

mendacium ________________

tergum ________________

vinculum ________________

iniuria ________________

fructus (*Pl.* ________) ________________

quaestio (*Pl.* ________) ________________

____

impudens ________________

servilis ________________

abs ________________

falso ________________

libere ________________

quisnam? ________________

quo ________________

e manibus emittere ________________

____

verba facere ________________

____

____

____

____

____

____

Arbeitsbuch

accusatio (*Pl.* accusationes) ______________________ | ______________________

______________________ | ______________________

Zusatzstück

abesse ______________________

examinare ______________________

mugire ______________________

abigere ______________________

quiescere ______________________

somnus ______________________

furtum ______________________

vestigium ______________________

ara ______________________

____

cauda ______________________

insula ______________________

spelunca ______________________

grex (*Pl.* __________) ______________________

iter (*Pl.* itinera) ______________________

maximus ______________________

Grundwort: ______________________

prae (*mit Kasus:* __________) ______________________

____

____

LECTIO UNDETRICESIMA

2. Ein neues Tempus

2.5. Formentabelle des Futur II

	servare		*audire*		*terrēre*		*dicere*	
	Stamm	Endung	Stamm	Endung	Stamm	Endung	Stamm	Endung
1. P. Sg.	—		—		—		—	
2. P.	—		—		—		—	
3. P.	—		—		—		—	
1. P. Pl.	—		—		—		—	
2. P.	—		—		—		—	
3. P.	—		—		—		—	

4. Verbstämme — Verbformen

4.2.1. Perfekt-Formen und PPP

	1. P. Sg. Perf. Akt.	PPP (Nom. Sg. n.)
privare	____________	____________
servare	____________	____________
audire	____________	____________
punire	____________	____________

4.2.2. Wie werden bei den meisten Verben auf *-are* und *-ire* der Perfektstamm und das PPP gebildet?

Perfektstamm: ______________________ PPP: ______________________

Diese Formen gelten als die „normalen" Formen. Ab jetzt werden wir nur noch die davon abweichenden Formen herausschreiben und lernen.

4.3.1. Stammformen (Inf. Präs. — 1. P. Sg. Präs. Akt. — 1. P. Sg. Perf. Akt. — Nom. Sg. n. PPP)

Inf. Präs.	1. P. Sg. Präs. Akt.	1. P. Sg. Perf. Akt.	Nom. Sg. n. PPP	Bedeutung
tegere	*tego*	*texi*	*tectum*	bedecken
cogere	________	________	________	________
facere	________	________	________	________
dicere	________	________	________	________
ducere	________	________	________	________
ponere	________	________	________	________
terrēre	________	________	________	________
respondēre	________	________	________	________

4.3.2. Perfekt-Formen des Genus Aktiv

	1. P. Sg. Perf. Akt.		1. P. Sg. Perf. Akt.		1. P. Sg. Perf. Akt.
tacēre	________	abrumpere	________	sedēre	________
alere	________	posse	________	mittere	________
distribuere	________	velle	________	iubēre	________
intellegere	________	ire	________		

6. Vokabelzusammenstellung

cogitare ______________________

convocare ______________________

dubitare ______________________

manēre ______________________

hier: ______________________

convenire (*Perf.* ________)

sentire (*Perf.* ________) ______________________

abrumpere (*Perf.* ________) ______________________

coniungere (*PPP* ________) ______________________

____

includere (*PPP* ________) ______________________

quiescere ______________________

surgere ______________________

locus ______________________

crudelitas (*Pl.* ________) ______________________

sors (*Pl.* ________) ______________________

vires ______________________

immotus ______________________

innocens ______________________

vester ______________________

erga ________ (*Synonym:* ________ (21))

etsi ______________________

priusquam ______________________

imprudenter ______________________

prudenter ______________________

modo ______________________

quid? _____ | his verbis dictis _____
mi _____ | _____
viribus coniunctis _____ | _____
_____ | _____

Nachtrag zu früher vorgekommenen Verben

sedēre *(Perf.* _____) _____ | dicere *(PPP* _____) _____
tacēre *(Perf.* _____) _____ | _____
alere *(Perf.* _____) _____ | _____

LECTIO TRICESIMA

2. Ein neues Tempus

2.1. *deinde (Romulus) omnia narravit quae a Faustulo audiverat.* (16/17)

Beide Vorgänge stehen in der Zeitstufe der _____. Inwiefern beweisen das schon die Verbformen?
_____

Die Tempusformen sind aber verschieden. Welche zeitliche Reihenfolge besteht zwischen beiden Handlungen?
_____

Mache es an der Zeitgeraden klar!

―――――――――――――――○―――――――――――――――

2.3.1. Die neun Formen des Plusquamperfekts im Text [außer *audiverat* (16/17)]

(____) _____ | (____) _____ | (____) _____
(____) _____ | (____) _____ | (____) _____
(____) _____ | (____) _____ | (____) _____

2.3.2. Die Formen des Plusquamperfekts bestehen aus
_____

2.3.3. Formentabelle des Plusquamperfekts (Plqpf.) von *audire* (trenne die Bestandteile der Formen ab!)

1. P. Sg.		1. P. Pl.	
2. P.		2. P.	
3. P.		3. P.	

2.4.1. Rein äußerlich gleichen die Formenteile hinter dem Perfektstamm _____

Plusquamperfekt besteht also aus: _____ + _____

2.4.2. Untersuche unter diesem Gesichtspunkt (vgl. 2.4.1.) auch das Futur II!

Futur II besteht aus: ______________________ + ______________________

ausgenommen ______________ auf ______________

5. Eine Kasusform

5.2. Die Endungen des Genitiv Plural der o-Dekl., a-Dekl. und gem. Dekl.

Dekl.	Gen.-Pl.-Endung	Beispiele
o-	— ______________	______________________
a-	— ______________	______________________
gem.	— ______________	______________________

8. Verbformen im Passiv

8.1. Die Personalendungen der passiven Verbformen (Fundstellen L. 30, 21; L. 29, 23; L. 28, 19; 26; 27; L. 27, 3; 11). Achtung: Eine Endung fehlt noch!

1. P. Sg.	—	1. P. Pl.	—
2. P.	—	2. P.	—
3. P.	—	3. P.	—

Es fehlt noch die Endung für die ____ P. ____.

8.3. a) Trage die fehlende Personalendung für das Passiv in die Tabelle 8.1. ein! Sie erscheint dreimal im Stück 8.2.1.:

____

b) Was kannst Du inzwischen über die Tempuskennzeichen im Passiv sagen? ______________________

____

c) Welche Form erscheint Dir wie eine Ausnahme? ______________________ Sie ist aber keine Ausnahme. Die Erklärung ergibt sich aus der Regel über Wechselvokale (vgl. L. 17 AB 5.5. und L. 8 AB 1.5.): ______________________

____

9. Vokalzusammenstellung

Textbuch

conclamare ______________________

confirmare ______________________

demonstrare ______________________

aperire (*Perf.* ______________) ______________

contendere ______________________

effringere ______________________

reddere (*Perf.* ______________) ______________

____

accipere (*Perf.* ______________) ______________

hier: ______________________

interficere ____________

se recipere (*Perf.* ________) ____________

hier: ____________

inire (*Perf.* ________) ____________

coepisse *(Perfekt!)* ____________

socius ____________

tyrannus ____________

iustitia ____________

manus (*Pl.* ________) ____________

hier: ____________

aetas (*Pl.* ________) ____________

arx (*Pl.* ________) ____________

caedes (*Pl.* ________) ____________

educatio (*Pl.* ________) ____________

multitudo (*Pl.* ________) ____________

senex (*Pl.* senes) ____________

voluntas (*Pl.* ________) ____________

iustus ____________

manifestus ____________

omnis ________ *Pl.* omnes ________

prae (*mit Kasus* ________) ____________

____

furtim ____________

minime ____________

sic ____________

simul ____________

alter ____________

age ____________

ita vero ____________

nihil . . . nisi ____________

viam inire ____________

manifestum reddere ____________

____

pro certo habere ____________

alio facto opus est ____________

____

caede facta ____________

____

dum haec geruntur ____________

____

____

____

____

____

Zusatzstück

excitare ____________

mutare ____________

afficere aliquem aliqua re ____________

____

somnus ____________

desperatus ____________

inquietus ____________

____

Nachtrag zu früher vorgekommenen Verben

adiuvare (*Perf.* ________) ____________

____

____

____

____

____

____

____

2. Verbformen

2.3.5. Formentabelle für Perfekt, Plusquamperfekt und Futur II von *esse*

	Perfekt	Plusquamperfekt	Futur II
1. P. Sg.			
2. P.			
3. P.			
1. P. Pl.			
2. P.			
3. P.			

3. ACI: Neue Infinitive

3.1.1. Auflösung der „Kette“ von abhängigen Aussagen (10—13) in unabhängige Aussagen

auctores romani tradunt:

Romulum sua manu fratrem interfecisse; — *Romulus sua manu fratrem interfecit.*

Romulum novae urbis muros exstruere ____________________

atque in eo opere occupatum esse; ____________________

Remum autem, fratrem irridentem, eos transsiluisse; ____________________

____

deinde ab irato Romulo interfectum esse. ____________________

3.1.2. Welche Form entspricht im Text den Prädikaten, die Du in der Übung 3.1.1. gebildet hast? ____________________

____

3.4. Regel zum Zeitverhältnis im ACI

a) Im ACI wird Gleichzeitigkeit zum übergeordneten Verb durch ____________________

Vorzeitigkeit zum übergeordneten Verb durch ____________________ ausgedrückt.

b) Welche Rolle spielt dabei das Tempus des Verbs, das dem ACI übergeordnet ist? ____________________

4. Die Bildung der Tempora (Zusammenfassung)

4.3. Stammformen

Inf. Präs.	1. P. Sg. Präs. Akt.	1. P. Sg. Perf. Akt.	Nom. Sg. n. PPP	Bedeutung
irridēre	*irrideo*	*irrisi*	*irrisum*	auslachen
tradere	______	______	______	______
condere	______	______	______	______

interficere ______ ______ ______ ______

dicere ______ ______ ______ ______

celebrare ______ ______ ______ ______

invenire ______ ______ ______ ______

exspectare ______ ______ ______ ______

8. **Vokabelzusammenstellung** (Stammformen ausfüllen!)

Textbuch

celebrare ______

irridēre, irrideo, ______, ______

______

transsilire, transsilio, ______ ______

(*aus:* ______) ______

adsciscere, adscisco, adscivi, ______

______

condere, condo, ______, ______ ______

______

exstruere, exstruo, exstruxi, exstructum ______

______

tradere, trado, ______, ______ ______

______

murus ______

numerus ______

causa ______

gloria ______

rixa ______

______

auctor (*Pl.* ______) ______

______

conditor (*Pl.* ______) ______

laus (*Pl.* ______) ______

orbis (*Pl.* orbes) ______

orbis terrarum ______

caput (*Pl.* ______) ______ *hier:* ______

moenia *(plur. tant.)* ______

notus ______

pernotus ______

(*Wirkung des* per: ______)

primus ______

supra ______

quicumque ______

triginta ______

in numerum deorum adsciscere ______

______

per omnes gentes ______

______

Zusatzstück

advolare ______

educare ______

excitare ______

consentire, -sentio, -sensi, -sensum ______

______

eligere, eligo, elēgi, ______ ______

______

intendere, intendo, intendi, ______ ______

______

poscere, posco, poposci ______

pugnus ____________________

augurium ____________________

auspicium ____________________

solis occasus (*Pl.* occasūs) ____________________

solis ortus (*Pl.* ortūs) ____________________

avis (*Pl.* __________) ____________________

____

vultur (*Pl.* __________) ____________________

certus ____________________

incertus ____________________

duplex (*Pl.* duplices) ____________________

alteri . . . alteri ____________________

sive . . . sive ____________________

____

Stammformen früher vorgekommener Verben

Textbuch

manēre, __________, __________, mansum __________

____

invenire, invenio, invēni, __________ __________

____

interficere, interficio, __________, __________

____

Zusatzstück

alere, __________, __________, __________ __________

____

appellere, appello, appuli, __________ __________

____

____

____

LECTIO TRICESIMA ALTERA

4. Zur Wortstellung

4.2.2. Formuliere im Anschluß an Übung 4.1. und 4.2.1. eine Regel über den lateinischen Satzaufbau (Wortstellung)! (Schreibe aus 4.2.1. ein Beispiel mit Übersetzung heraus und kennzeichne (unterstreiche) das Subjekt des Haupt- und Nebensatzes!)

____

____

____

____

Wie wird in solchen Fällen ein normales deutsches Satzgefüge gebaut? ____________________

____

7. Vokabelzusammenstellung (Stammformen ausfüllen!)

aedificare ____________________

invitare ____________________

parare ____________________

adhibēre ____________________

abnuere, __________, __________, abnutum

____

coniungere, coniungo, coniunxi, ______________________

____

rapere, rapio, rapui, raptum ______________________

prodire, ____________, ____________ ____________

____

gener (*Pl.* ____________) ______________________

odium ______________________________________

inimicitia ____________________________________

invitatio (*Pl.* ____________) ____________________

vis (*kommt im Sg. nur in drei Kasus vor:* vis - vim - vi), ___

(*Pl.* ________) ______________________________

____

callidus ______________________________________

inarmatus ____________________________________

complures ____________________________________

vim adhibere in aliquem ________________________

____

odium et inimicitiam ponere _____________________

____

populi coniuncti sunt *(übersetze aktivisch)* __________

____

ea quae fiunt __________________________________

____

____

Stammformen früher vorgekommener Verben

petere, ____________, ________________, petitum ___

____

____

____

LECTIO TRICESIMA TERTIA

4. Das Demonstrativpronomen hic

4.1. Deklinationstabelle des Singulars von *hic* (soweit bis jetzt bekannt). Fundstellen: L. 24, 12; 14; L. 25, 9; L. 33.

	Singular			Plural
	m.	f.	n.	n.
Nom.				
Akk.				
Abl.				

4.2. Ergänzung der Tabelle durch drei Plural-Formen des Genus neutrum. Fundstellen: L. 30, 18—20; 36/37.

8. Vokabelzusammenstellung

Textbuch

armare ______________________________________

creare ______________________________________

interrogare ___________________________________

cernere, cerno, crevi, cretum ____________________

contingere, contingo, ________________, contactum

____

instituere, instituo, ________________, institutum

____

sinere, sino, ________, situm ________

dolus ________

inimicus ________

dagegen: hostis ________

socer (*Pl.* ________) ________

oraculum ________

osculum ________

columna ________

cura ________

custodia ________

stultitia ________

facies (____ -*Dekl.*) ________

respublica ________

____

specus (*Pl.* ________) ________

visus (*Pl.* ________) ________

civitas (*Pl.* ________) ________

____

primores (*plur. tant.*) ________

____

securitas (*Pl.* ________) ________

simulatio (*Pl.* ________) ________

____

terror (*Pl.* ________) ________

vates (*Pl.* ________) ________

armatus ________

brutus ________

ligneus ________

stultus ________

summus ________

ultimus ________

communis ________

quod ________

clam ________

viginti ________

vitā aliquem privare ________

____

summum imperium ________

per simulationem ________

____

Zusatzstück

manifestare ________

tolerare ________

ardēre, ardeo, arsi, arsum ________

ascendere, ascendo, ascendi, ascensum ________

____

concurrere, concurro, concurri, concursum ________

____

procedere, procedo, processi, processum ________

____

rostra (*plur. tant.*) ________

superbia ________

civis (*Pl.* ________) ________

dignitas (*Pl.* ________) ________

____

lībertas (*Pl.* ________) ________

oratio (*Pl.* ________) ________

oratio funebris ________

servitus (*Pl.* ________) ________

dignus ________

indignus ________

ignavus ________

insolitus ________

līber, lībera, līberum ______

tolerabilis ______

virilis ______

______

quo usque tandem? ______

rostra ascendere ______

______

orationem habere ______

Stammformen früher vorgekommener Verben

implēre, ______, ______, ______

______

______

______

LECTIO TRICESIMA QUARTA

6. Vokabelzusammenstellung

Textbuch

errare ______

obsidēre, obsideo, obsēdi, obsessum ______

______

discedere, ______, ______, discessum

______

excidere, ______, ______ ______

______

neglegere, neglego, neglexi, neglectum ______

______

efficere, efficio, effēci, effectum (*Kompositum von:* ______

______) ______

______

miraculum ______

civis (*Pl.* ______) ______

fames (*Pl.* ______) ______

sors (*Pl.* ______) ______ *hier:* ______

scaevus ______

sollicitus ______

nobilis ______

pro (*mit Kasus* ______) ______

frustra ______

sine dubio ______

______

______

Zusatzstück

decertare ______

provocare ______

sperare ______

vituperare ______

immittere, immitto, immisi, ______

______

plaudere, ______, ______, plausum

______

procedere, procedo, processi, processum ______

______

prosternere, ______, ______, prostratum

______

recurrere, recurro, recurri, recursum ______

______

conspicere, conspicio, ______, conspectum

______

despicere, ______________, ______________, ______________

____

nebula ____

dux (*Pl.* duces) __________________________________

____

Stammformen früher vorgekommener Verben

Textbuch

tenēre, ______________, ______________, ______________

____

porrigere, ______________, ______________, porrectum

____

trahere, ______________, ______________, tractum

____

capere, ______________, ______________, ______________

____

cupere, ______________, ______________, cupitum

____

____

____

pax (*Pl.* ______________) __________________________

princeps (*Pl.* principes) __________________________

ignavus ____

____

____

Zusatzstück

apparēre, ______________, ______________ ______________

____

deponere, ______________, ______________, ______________

____

surgere, ______________, ______________, surrectum

____

accipere, ______________, ______________, ______________

____

decipere, ______________, ______________, ______________

____

____

____

LECTIO TRICESIMA QUINTA

2. Fragesätze

2.1.2. Gruppierung der Fragen in 2.1.1.

A) Auf welche Fragen hast Du mit einer neuen, eindeutigen Information geantwortet? ______________

B) Bei welchen mußtest Du zwischen zwei Möglichkeiten der Antwort unterscheiden, zwischen ja und nein? ______________

2.1.3. Die Fragen der Gruppe A sind eingeleitet mit: ______________________________

2.1.4. Signale bei der Gruppe B: ______________________________

2.2. Die Fragen der Gruppe A heißen: ______________________________

die der Gruppe B : ______________________________

2.3.1. Die vier Entscheidungsfragen dieser Lektion sind:

1) (____) ____

2) (____) ____

3) (____) ____

4) (____) ____

Welche Antwort scheint Markus auf seine vorletzte Frage zu erwarten? ____________

Das Einleitungswort lautet __________ .

2.3.2. Auf seine erste Frage erwartet Markus die Antwort __________ . Fragesignal: ____________

2.3.3. Nicht immer wird die im Fragesignal angedeutete Antwort-Erwartung des Fragenden erfüllt. Beispiel:

(____) ____

2.3.4. Wie ist die Einstellung des Fragenden bei der Frageform mit angehängtem *-ne*? (Vgl. 36/37; L. 6, 11/12; L. 7, 11/12)

____

9. Vokabelzusammenstellung

Textbuch

aberrare ____________

curare ____________

designare ____________

probare ____________

agere, ______ , ______ , actum ______

____

hier: vitam agere ____________

____

appetere, ______ , ______ , ______

____

carpere, ______ , ______ , carptum

____

decernere, ______ , ______ , decretum

____

discedere, ______ , ______ , discessum

____

maturescere, maturesco, maturui ____________

tangere, tango, tetigi, tactum ____________

aspicere, aspicio, ______ , aspectum ______

____

flosculus ____________

inferi *(plur. tant.)* ____________

ludus ____________

magister ____________

matrimonium ____________

officium ____________

satum ____________

copia ____________

dea ____________

insula ____________

regina ____________

rosa ____________

viola ____________

lacus (*Pl.* lacūs) ____________

sinus (*Pl.* sinūs) ____________

flos (*Pl.*) ____________

hiems (*Akk.* hiemem) ________

pars (*Pl.* ________) ________

papaver (*Pl.* papavera) ________

candidus ________

tenebrosus ________

quotiens ________

continuo ________

domum ________

sensim ________

____

num? ________

nonne? ________

ab officio discedere ________

____

in matrimonium ducere ________

petere aliquid ab aliquo ________

____

duae partes ________

apud inferos ________

in praeceps ________

Arbeitsbuch

autumnus ________

discipulus ________

aestas (*Akk.* aestatem) ________

____

ver (*Akk.:* ver) ________

totiens ________

totiens ... quotiens ________

____

Zusatzstück

arare ________

murmurare ________

pererrare ________

accedere, ________ , ________ , ________

____

colligere, ________ , ________ , collectum

____

considere, ________ , ________ , consessum

____

deducere, ________ , ________ , ________

____

exstinguere, exstinguo, exstinxi, exstinctum ________

____

percurrere, ________ , ________ , percursum

____

serere, sero, sēvi, satum ________

eripere, eripio, eripui, ereptum ________

____

exire, ________ , ________ ________

focus ________

somnus ________

donum ________

lignum ________

vestigium ________

agricultura ________

laetitia ________

cultus (*Pl.* cultūs) ________

murmur ________

semen (*Pl.* ________) ________

aeger, aegra, aegrum ________

humanus ______________________

maestus ______________________

civilis ______________________

insomnis ______________________

____

mortalis ______________________

quidem ______________________

agros colere (colo, colui, cultum) ______________________

____

____

Stammformen früher vorgekommener Verben (Zusatzstück)

prohibēre, __________, __________, __________

____

____

quaerere, quaero, __________, quaesitum

____

____

LECTIO TRICESIMA SEXTA

2. Deklinationsformen

2.1. Deklinationstabelle des Namens *Iuppiter* (Nom., Gen., Akk., Abl.)

__________ __________ __________ __________

2.2.1. Suche die Formen des Genitiv Plural aus dem Text heraus und gib an, zu welcher Deklination das betreffende Substantiv gehört! (Wiederholungen nicht aufnehmen!)

	Gen. Pl.	Dekl.		Gen. Pl.	Dekl.
(___)			(___)		
(___)			(___)		
(___)			(___)		
(___)			(___)		
(___)			(___)		
(___)					

2.2.2. Bilde den Genitiv Sg. und Pl. von folgenden Substantiven!

Nom. Sg.	Gen. Sg.	Gen. Pl.		Gen. Sg.	Gen. Pl.
conventus			rex		
officium			rector		
dies			res		
fructus			magister		
sententia					

2.2.3. Tabelle der Endungen des Genitiv Sg. und Pl. aller Deklinationen

Dekl.	Gen. Sg.	Gen. Pl.
o-	—	—
a-	—	—
e-	—	—

Dekl.	Gen. Sg.	Gen. Pl.
u-	—	—
gem.	—	—

9. Vokabelzusammenstellung

Textbuch

festinare ______

irritare ______

susurrare ______

poscere, posco, poposci ______

dominus ______

nuntius ______

concilium ______

silentium ______

aurora ______

epistula ______

hora ______

sapientia ______

sella ______

sententia ______

tenebrae *(plur. tant.)* ______

tristitia ______

conventus (*Pl.* ______) ______

______

fluctus (*Pl.* ______) ______

strepitus (*Pl.* ______) ______

______

auctor (*Pl.* ______) ______

hier: ______

auris (*Pl.* ______) ______

dux (*Pl.* duces) ______

fabricator (*Pl.* ______) ______

rector (*Pl.* ______) ______

venatrix (*Pl.* venatrices) ______

fulmen (*Pl.* fulmina) ______

mare (*Akk.* mare) ______

murmur ______

curiosus ______

divinus ______

humanus ______

postremus ______

quod ______

sententiam aliquem rogare ______

______

pater tuus eius rei auctor est ______

______

______

______

Arbeitsbuch

accusator (*Pl.* accusatores) ______

auditor (*Pl.* auditores) ______

venator (*Pl.* ______) ______

imperator (*Pl.* ______) ______

______

imperatrix (*Pl.* imperatrices) ______

victor (*Pl.* ________) ________ | ________

victrix (*Pl.* ________) ________ | ________

LECTIO TRICESIMA SEPTIMA

2. Dativ

2.1. Stelle alle Dativ-Formen dieser Lektion zusammen (insgesamt 16, aber nur 11 verschiedene)!

(___) ________	(___) ________	(___) ________
(___) ________	(___) ________	(___) ________
(___) ________	(___) ________	(___) ________
(___) ________	(___) ________	

Die vier Substantive in dieser Zusammenstellung (außer dem Eigennamen *Iuppiter*) gehören zur ________ Deklination. Es fehlen noch die Dative der ________ Dekl.

2.2.1. Bestimme das Genus und nenne jeweils den Nominativ zu

(10) *isti:* Genus: ________ Nom.: ________ (13) *isti:* Genus: ________ Nom.: ________

2.2.3. Analogiebildung

a) *iste:* Dat. Sg. n.: ________

b) *ille:* Dat. Sg. m.: ________ Dat. Sg. f.: ________ Dat. Sg. n.: ________

2.3.1. Die Endung aller Dativ-Formen dieser Lektion lautet: —________.

2.4. Bestimme die Form, gib die Grundform an!

	Form	Grundform		Form	Grundform
(L. 35, 38)	dolore		(L. 36, 19)	noli	
(L. 36, 3)	eius		(L. 37, 10)	ei	
(L. 36, 5)	diei		(L. 37, 12)	vita	
(L. 36, 13)	tristi		(L. 37, 14)	qui	
(L. 36, 16)	causa		(L. 37, 15)	gravi	
(L. 36, 17)	rei				

Bei welchen dieser Formen wäre die eindeutige Bestimmung auch ohne den Kontext möglich?

____

9. Vokabelzusammenstellung

licēre, licet, licuit, licitum ________ | studēre, studeo, studui ________

colligere, ______, ______, collectum
______
postponere, ______, ______, postpositum
______
scribere, scribo, scripsi, scriptum ______
______
adicere, adicio, adiēci, adiectum ______
______
Kompositum zu ______
eripere, eripio, ______, ereptum ______
______
Kompositum zu ______
medicus ______
cliens (*Pl.* ______) ______
salus (*Pl.* ______) ______
moribundus ______
sapientissimus ______
mihi ______

tibi ______
sibi ______
cotidie ______
impune ______
quamobrem ______
gratias agere alicui ______
(alicui *Dativ von:* ______)
gravi poena castigare aliquem ______
______
salutem dicere alicui ______
______
licet mihi facere aliquid ______
______
______
______
______
______
______

LECTIO DUODEQUADRAGESIMA

5. ACI

5.1. Apoll referiert in Z. ___ seiner Rede den folgenden Satz aus dem Brief des Dis (L. 37, ___):

Originalsatz (Subjekt in Form des Pers.-Pron. vorangestellt): ______

Wiedergabe in Apolls Rede: ______

5.2.1. Das Subjekt des übergeordneten Verbs wird im ACI wieder aufgegriffen:

a) im Personalpronomen ______

b) bei der Besitzanzeige ______

5.2.2. a) Tempus im Originalsatz: ______

b) Zeitverhältnis zum übergeordneten Verb: ______

c) Im ACI hier ausgedrückt durch: ______

5.3.1. Die Form ____________ (s. 5.2.2.) ist abgeleitet von folgender Stammform des Verbs:

____

5.4.1. Überprüfe die soeben gemachten Beobachtungen und übersetze:

1) Iuno sciebat omnes deos ad concilium conventuros (esse). ____________

____

2) Iuno frustra sperabat se a Iove causam conventus audituram (esse). (*sperare* — hoffen) ____________

____

3) Dis confidit Iovem gravi poena Aesculapium castigaturum (esse). ____________

____

5.4.2. Die Formen des Partizip Futur Aktiv (PFA) kongruieren mit ____________

5.5. Setze in den ACI (d. h. in die abhängige Rede)!

1) Apollo dixit: „dicam pro filio meo.“ ____________

2) Iuno putabat: „Iuppiter mihi causam conventus dicet.“ ____________

____

3) Ceres sperabat: „Iuppiter mihi filiam remittet.“ ____________

____

4) Proserpina ad se ipsam dixit: „hos miros flores matri dabo.“ ____________

____

5) Brutus sperabat: „stultitiam simulans vitam meam servabo.“ (*simulare:* Verb zu *simulatio*) ____________

____

6) Romulus respondet: „fratrem meum liberabo neque dubitabo Numitorem necare.“ ____________

____

____

10. Vokabelzusammenstellung

Textbuch

interesse, intersum, interfui ____________

____

obesse, ________ , ________ ________

____

prodesse, prosum, ________ , ________

____

recitare ____________

transportare ____________

adigere, adigo, ________ , adactum ________

____

colere, colo, colui, cultum ____________

____

plaudere, plaudo, ________ , plausum ________

____

traducere, ________ , ________ , ________

____

reus ________

defensio (*Pl.* ________) ________

oratio (*Pl.* ________) ________

facinus (*Pl.* ________) ________

quoniam ________

tandem ________

vero ________

unus et alter ________

iniuriam inferre alicui ________

____

(inferre, infero, ________ , illatum)

conventui interesse ________

____

____

____

____

Arbeitsbuch

plorare ________

simulare ________

sperare ________

____

defendere, defendo, defendi, defensum ________

____

contra (*mit Kasus:* ____) ________

facinus committere ________

Stammformen früher vorgekommener Verben

surgere, surgo, ________ ,surrectum ________

____

____

____

LECTIO UNDEQUADRAGESIMA

12. **Passiv** (Zusammenfassung)

12.1.1. Minerva spielt in ihrer Rede (____) auf eine Stelle aus dem Brief des Dis (L. 37, 8/9) an. Worin liegt der wesentliche Unterschied der beiden Formulierungen? ________

____

Welche neue Form lernst Du hier kennen? ________ Ihre Endung: — ________

12.1.2. Diese neue Form lautet (in Analogie) von *terrēre:* ________ und *audire:* ________

12.1.3. In der gem. Konjugation wird diese Form etwas abweichend gebildet.

Beispiel (L. 40, 1. Abschnitt, Z. ____): ________ Bildung dieser Form? ________

12.1.4. Bestimme *coletur* (16): ________

Analyse der Form: ________

12.2.1. Worin unterscheiden sich die Passiv-Formen von den Aktiv-Formen in Präsens, Imperfekt, Futur I? ________

____

12.2.2. Die Personalendungen für das Passiv

1. P. Sg.	—	1. P. Pl.	—
2. P.	—	2. P.	—
3. P.	—	3. P.	—

12.2.3. Stelle eine Tabelle auf von den Passiv-Formen (Inf., Präs., Imperf., Fut. I) der Verben *terrēre laudare, audire, tegere, capere*! Gib acht beim Futur I der e- und a-Konjugation. Welcher Wechselvokal muß vor der Endung *-ris* der 2. P. Sg. stehen? (Über Wechselvokale siehe L. 8 AB 1.5.)

terrere	Präsens	Imperfekt	Futur I
1. P. Sg.			
2. P.			
3. P.			
1. P. Pl.			
2. P.			
3. P.			
Inf. Präs. Pass.			

laudare	Präsens	Imperfekt	Futur I
1. P. Sg.			
2. P.			
3. P.			
1. P. Pl.			
2. P.			
3. P.			
Inf. Präs. Pass.:			

audire	Präsens	Imperfekt	Futur I
1. P. Sg.			
2. P.			
3. P.			
1. P. Pl.			
2. P.			
3. P.			
Inf. Präs. Pass.:			

tegere	Präsens	Imperfekt	Futur I
1. P. Sg.			
2. P.			
3. P.			
1. P. Pl.			
2. P.			
3. P.			
Inf. Präs. Pass.:			

capere	Präsens	Imperfekt	Futur I
1. P. Sg.			
2. P.			
3. P.			
1. P. Pl.			
2. P.			
3. P.			
Inf. Präs. Pass.:			

16. Vokabelzusammenstellung

considerare ______

dubitare ______

implorare ______

imminēre, immineo, imminui ______

cultus (*Pl.* ______) ______

mens (*Pl.* mentes) ______

alius ______

maxime ______

nisi forte ______

in posterum ______

quam ob causam ______

______

quodsi ______ ______

______

-ve ______

tua res agitur ______

______

orationem habēre ______

mors imminet ______

______

mortem inferre alicui ______

______

longe mihi alia mens est ______

______

______

______

______

______

Raum für Notizen